KATHLEEN JAMIE was born in the west of Scotland. Her seven poetry collections include *The Tree House* (Picador, 2004), winner of both the Forward Prize and the Scottish Book of the Year Award; *The Overhaul* (2012), for which she received the Costa Poetry Award; and *The Bonniest Companie* (2016), named Saltire Scottish Book of the Year. Her non-fiction works, published by Sort Of Books, include her highly-praised essay collections *Findings* and *Surfacing*, and the innovative prose work *Cairn*. Kathleen Jamie was Makar, National Poet for Scotland, from 2021 to 2024.
She lives in Fife.

ALSO BY KATHLEEN JAMIE

*Poetry*

The Bonniest Companie

The Overhaul

The Tree House

Jizzen

The Queen of Sheba

The Way We Live

Black Spiders

*Non-fiction*

Cairn

Surfacing

Sightlines

Findings

Among Muslims:
Meetings at the frontiers of Pakistan

*Kathleen Jamie*

# The Keelie Hawk

## Poems in Scots

**PICADOR**

First published 2024 by Picador
an imprint of Pan Macmillan
The Smithson, 6 Briset Street, London EC1M 5NR
*EU representative:* Macmillan Publishers Ireland Ltd, 1st Floor,
The Liffey Trust Centre, 117–126 Sheriff Street Upper,
Dublin 1, D01 YC43
Associated companies throughout the world
www.panmacmillan.com

ISBN 978-1-5290-9559-3

Copyright © Kathleen Jamie 2024

The right of Kathleen Jamie to be identified as the
author of this work has been asserted by her in accordance
with the Copyright, Designs and Patents Act 1988.

All rights reserved. No part of this publication may be reproduced,
stored in a retrieval system, or transmitted, in any form, or by any means
(electronic, mechanical, photocopying, recording or otherwise)
without the prior written permission of the publisher.

Pan Macmillan does not have any control over, or any responsibility for,
any author or third-party websites referred to in or on this book.

1 3 5 7 9 8 6 4 2

A CIP catalogue record for this book is available from the British Library.

Printed and bound by CPI Group (UK) Ltd, Croydon CR0 4YY

MIX
Paper | Supporting
responsible forestry
FSC® C116313

This book is sold subject to the condition that it shall not, by way of
trade or otherwise, be lent, hired out, or otherwise circulated without
the publisher's prior consent in any form of binding or cover other than
that in which it is published and without a similar condition including
this condition being imposed on the subsequent purchaser.

Visit www.picador.com to read more about all our books
and to buy them. You will also find features, author interviews and
news of any author events, and you can sign up for e-newsletters
so that you're always first to hear about our new releases.

*i.m Margaret Parker*
*'Courie in, hen'*

# Contents

Green Glade  3

The Herns  5

Joys o Spring  7

Spring Sang  9

The Will  11

The East Coast  13

Road Trip  15

Maspie Den  17

Rose  21

The Gresses  23

Mak Mane, Wind  25

Keelie Hawk  27

Killileepie  29

Thae Warnin Anes  31

The Brig  33

Whimbrel  37

Inheritance  41

Whaup  43

The Speugs  45

Tho Ilka Dey  47

Grey Feather  51

Watter  53

Digitalis  55

Hairst  59

The Wind and the Rose  61

August Nicht  65

Hearkener  67

Wren Sang  69

The Feather  71

The Dream  75

Carks and Cares  79

Pine Widd  81

Prodigal  83

Rodden Leaf  85

The Field  87

Sirius  89

Oor Windae  93

The Storm  95

The Birk in Winter  97

White Hare  99

Merles in Winter  103

The March Burn  105

The Ordinar  111

Afterword  115

# The Keelie Hawk

The green glade in the wildwood, just as good as anywhere, dewy breath rising from its heathery floor, a woodpecker drumming that just jinked between two birches, spider-webs glinting now the sun breaks through. Perhaps I'll remain at ease against this boulder, learning how the wind caresses first this pine-branch, then that, and watching above the tree-tops the clouds sail over I'll day-dream away the hour like a child once more. Oh where have they gone, my mother and my father? What path they've taken I'm none too sure. I'll follow soon enough but in the meantime linger. Stone, did you just blink? *Yes, once in a thousand years.*

# Green Glade

This green glade i the wildwidd –
        jist as guid as oniewhaur
dewy breith risin
        frae its heathery flair
a widdpecker drummin
        at jist jinkit atween twa birks
speider-wabs glentin
        nou the sun breks throu.

Mibbes Ah'll bide
        easy agin this bowder
learnin hou the wind dauts
        first this pine branch syne thon,
and watchin abuin the tree-taps
        the cloods sail ower
Ah'll dwam awa the oor
        lik a bairn aince mair.

Ach, whaur are they gane
        ma mither and ma faither?
Whit gait they've taen
        Ah amna richt shair.
Ah'll follae suin eneuch
        but meantime taigle
– Stane, did ye jist blink?
        *Aye, aince this thoosan years.*

Are the grey herons home, burdening the river willows with their rough nests? Upright as candles while the water flows by – are their young ones hatched? What a cold portion they'll fall heir to, by and by – nothing more than a kingdom of shallows where they'll stalk and stare, stalk and stare.

# The Herns

Are the grey herns hame
        burdenin the river sauchs
                wi thir roch nests?

Upricht as caunles
        while the watter fleets by —
                are thir young yins hatcht?

Whit a cauld skare
        they'll faw heir tae, by and by
                — naethin mair

nor a kinrick o schaulds
        whaur they'll stalk and stare,
                stalk and stare.

A lone seagull's roaming the cloud-striped sky, and for sure there's
sunshine glancing off the white-harled apartment block walls, newly
built where the goods yard lay and a pair of magpies examines
the gutters, peck and check, but still that wind dashes in from the
sea, call it a blossom-joshing breeze if you dare – it'll punch you.
So geranium, poor geranium, shivering outside on the sill, we'd
better bring you inside the house again, and wait a little while

# Joys o Spring

A lane seamaw's vaigin
> the clood-stripit lift,
and richt eneuch, thur's sunshine,

skitin aff the white-harlit
> apairtment block waws
new-biggit whaur the guids-yairds lay

and a pair o pyots
scances alang the rones, peck and check . . .

But still thon wind swashes in frae the sea:
> caw it a blossom-daffin breeze
gin ye daur
> – it'll punch ye.

Sae geranium, puir
> geranium, chitterin on the ootside sill
we'd better bring ye ben again,

> and bide a wee

The hailstones brought by this northern gale spin with the petals
the same wind's spilled from the cherry trees and the blackthorn.
There, spring's sting: blossom and hail — small wreaths in the
ditches, soon gone, soon gone . . . Are we finished, my old
sweetheart? No — flash me that glad-eyed glance again, the one
I remember well among the leaves so green-o

## Spring Sang

The hail-stanes brocht
      by this norlan blast
birl wi the petals
      the ae wind's skailt
frae the gean trees and the slaes.

There – spring's stang:
      flooerish and hail –
snaw wreaths at the sheuchs,
      syne gane,
syne gane . . .

Are we done, ma auld jo?

Naw – flash me thon gled-ee'd
      glence again
the ane Ah mind fine

amang the leaves sae green-o

Just leave to me those tatty feathers, the two or three crammed in that old tin can that's sailed for years the stormy seas of your kitchen table with its cargo of pencils and Allen keys – a Greater Black Back's? (You'll chide me if I'm wrong.) Can you recall the wind-blown faraway strand where you collected them? I'll take them back.

# The Will

Jist lea tae me
thae tatty feathers,
the twa-three crammit
intae thon auld tin can

that's sailt fir years
the gurly seas
o yer kitchen table
wi its cargae o pinsils an Allen keys

– a Greater Black Back's?
(Ye'll chide me gin Ah'm wrang.)

Can ye mind the wind-blawn
faurawa strand
whaur ye gaithert thaim?

      Ah'll tak thaim back.

Why is this sea-mist hanging over us, these May mornings? No yellow on the broom, no high-turning home-speeding swifts. Like a half-wiped memory from childhood, the hills loom. Oh, you and your moods . . . We are all done now with your silences, except the great eternal one. Can you smell the sea? The sea-mist brings word of it far inland, silver salt-breath over the meadow, ghost blossom burdening the apple trees.

# The East Coast

Hou come this haar's
               hingin ower us
                            these May forenuins? Nae
yellae on the broom, nae
               hie-turnin
                            hame-wheechin swifts –
lik a hauf-dichtit
               mindin o bairnhood
                            the braes loom. Acht
– you and yer moods . . .
               We are aw done nou wi yer silences,
               bar the great ayebidin ane.

Can ye smell the sea? The haar brings
                       speik o't faur inlaun:

siller saut-braith ower aw the lea,
                           ghaist blossom frauchtin aipple trees.

Well here we are far out on the moor, and the path has almost lost itself among the ling and yellow tormentil and other flowers at our feet: the fly-catching sundew, the green fritillary fluttering among them. Ah, the little flowers, over as soon as they appear, no sooner opened than spent. The land reaches all directions, ill-used and damaged – see those turbines and plantations? Full moon tonight, she'll hoist herself over everything, even the missile testing site, and out will come the ghost-people, ghost deer and wolves that haunt this place, even in summer. And we'll be wraiths too if we don't turn around and find our way back to the narrow road with its passing places and the car. Where was it again, the car? Look at those sun-nets drifting across those distant hillsides, cloud shadows passing over us. Look at that kestrel, hunting.

# Road Trip

Weel here we are faur oot on the muir, and the path's gey near tint itsel amang ling and yellae tormentil and the ither flooers at oor feet: the flee-catchin sundew, the green fritillary fluchterin amang thaim. Ah, the wee flooers – nae suiner kythed nor they're done, nae suiner opent than spent. The laun raxes aw weys – ill yaised and skaithed, see thae turbines and plantations? Full muin the nicht – she'll heeze hersel ower awthin, even the missile testin site, and oot will come the ghaist-fowk, ghaist deer and wolves that haunt this place, even in summer. And we'll be wraiths anaw gin we dinnae turn roun and fin oor wey back tae the narrae road wi its passin places and the car. Whaur wis it again, the car? Luik at thae sun-nets driftin ower thae faurawa braes, clood shaddaes passin ower us, luik at thon keelie-hawk, huntin.

I am here to tell you I never lie at peace I am always fresh water joining water, coil and motion along my bed of clay I obey only gravity and here I come a trickle among bracken I slake the thirst of deer I run busily between hazels and crowds of rushes until the minute oh the minute I just spill I spill over the shelf of stone I am one glad spangle in the sunshine one silver flash beneath the moon then it's over

# Maspie Den

Ah'm here tae tell ye Ah nivver lie
    at peace Ah um aye
        caller watter jynin watter
            pirl and ongang
                alang ma bed o clabber
                    Ah obtemper anely gravity
                        and here Ah come
                            a rinnal amang bracken, Ah
                        slocken
                                deer drouth, Ah run
                                  eident atween hazels
                    and thrangs o rashes
                    until the meenit oh the meenit
                    Ah jist

                            skail, Ah jist
                            skail ower
                                    the skelf o
                                            stane
                          and Ah um ane
                                blythe spangle
                                i the sunshine
                    ane
                siller flash
                      ablow the muin
                    and syne it's
                            ower sae

so I splash and hold on down through the low country I can't help myself it's back to my rush and gush but oh, that memory that sweet memory I carry it with me right to the sea

        Ah splash
        and haud on
doon throu the laigh
kintra Ah cannae help
masel
it's back tae ma
    hurl and gush but
      o o o
see thon memory thon
sweet memory Ah
cairry it richt wi me
tae the sea

Rose, did you speak? Did I hear a jagged whisper wrapped in your scent? *You have emptied the world. Now scorching winds scatter my petals.* Rose, speak more! *I cannot*

# Rose

did ye speik?
    Did Ah hear, lappit i yer scent
        a jaggy whisper?

*Ye hae tint the warld —*
    *nou birslin winds*
        *ma petals scaitter*

    Rose, speik mair!
        *Ah canna*

On city hillsides, in parks and gap-sites, the grasses flower;
ribwort plantain, the poor old fighter, dreams its dizzy dreams.
Trembling, it's as though each one knows its own species of bliss.
'Our time is now', they nod, 'our one brief attempt at tomorrow.'
Come and we'll climb the hill and lie down, imagine we're already
in our graves, there's a plot there waiting for us. If a breeze blows,
we'll be able to watch the grasses whispering above, purplish
against the sky. Let's do this so we know we can: grasses will be
part of our forgetting. To live, we need to consider how to die.

# The Gresses

On city braes, in pairks and gap-sites, the gresses flooer; ribwort plantain, puir auld fechter, dreams its dizzy dreams. Tremmlin, it's as though ilkane kens its ain species o bliss. 'Oor time is nou', they nod, 'oor ane brief ettlin at the morrow.'

'Mon and we'll sclim the hill and ley doon, imagine we're awriddy in oor graves – a lair's there waitin on us. Gin a breeze blaws, we'll can watch the gresses whisperin abuin, purplish agin the lift. Lat's dae this sae we'll ken we can: gresses will be pairt o oor forgettin.

Tae live, we need tae mind on hou tae dee.

Cry Wind by Chimengül Awut,
*translated from the Uyghur by Munawwar Abdulla*

Cry wind, for the leaves you have spilled
Cry wind, for the wounds you have torn apart
Cry wind, for the forests you have concealed
I will learn to cry, to cry from you

Cry wind, for the flowers, the lilacs you have scattered
Cry wind, for the rivers held still with blue ice
Cry wind, for the treeless courtyards
I will learn to cry, to cry from you

Let these dark eyes that held my beloved be yours
Let the words of heartbreak I spoke to my beloved be yours
Cry wind, the bullet in your heart is mine
I will learn to cry, to cry from you

Cry wind, for the anguish of stones and mountains
Cry wind, for the hopes and dreams of falcons
Cry wind, for the torment of the lovers
I will learn to cry, to cry from you

# Mak Mane, Wind

*by Chimengül Awut*

Mak mane, wind, fur aw the leafs ye hae skailt
Mak mane, wind, fur the muckle skaiths ye hae gart
Mak mane, wind, fur the forests ye hae hid awa
Ah will lear tae greet, tae greet frae you

Mak mane, wind, fur the flooers, the laylocks ye hae strawn
Mak mane, wind, fur the blae rivers sneckit wi ice
Mak mane, wind, fur the back-coorts whaur nae trees growe
Ah will lear tae greet, tae greet frae you

Lat thir dauk een that beheld ma lemman be yours
Lat the hairt-sair words Ah spak tae ma lemman be yours
Mak mane, wind, the bullet i yer hairt is mine
Ah will lear tae greet, tae greet frae you

Wind, mak mane fur the pyne o stanes and hie bens
Wind, mak mane fur the howps and dreams o gleds
Mak mane, wind, fur the sair torments o lovers
Ah will lear tae greet, tae greet frae you

From her watch tower, her hunger stance, the out-stretched
branch of a dead bog-side elder tree she sees you though her
back's turned till spread on a gusting wind she's right overhead
and you know you are as nothing in her eyes

## Keelie Hawk

frae her watch-tooer                      her hunger stance
the oot-raxt branch                 a deid moss-side bour

she sees ye, aye,                       though her back's turnt
till speldit                                  i the gowstie wind
                     she's richt owerheid

        but ye ken ye are as naethin in her een

Remember when we climbed a gorge where a few birches grew sheltered from the hungry deer then followed the stream till we came to a pasture among low hills? Northwest stood snow-capped summits and along the riverside lay the sites of abandoned buildings and green knolls, traces of the folk who used to stay here all summer, looking after their cattle. The map gave the river as the *Allt na Maddy*. Wolves must have drunk here once. There were curlews and a bird that darted up and down the water-side piping *too wee, too wee wee wee*. Remember we laughed? What's too small? The mountains? Maybe the river, that would have been a mighty glacier long ago. In the tent we dozed for an hour or two, then unzipped the flap and crept outside. The glen was eerie in moonlight, the faraway snow patches glinted. You howled like a wolf! But we've done away with them and nothing answered except the echo, and that bird persisting *too wee wee wee*. I've never returned but that fretful creature still chides me now and again. It flies in the door and out of the window, giving its advice when I'm sitting here wrestling with words. Too wee! And yes, perhaps we did spend our ambition too soon, camping in the ruins, so to speak, instead of striving for the heights . . . Is it too late? I expect we'll soon go the way of the glaciers, the wolves, the shieling people, and become part of the land's long dream of remembering and forgetting. But it's worth a try, isn't it? Meet me tomorrow and we'll go.

# Killileepie

Mind hou we sclimt a cleuch whaur a wheen birks grou'd, bieldit frae hungry deer, syne follaed the burn till we cam tae an airie amang laigh hills? Norwast stuid snaw-happit summits, and alang the burnside lay larachs and green knowes: traces o the fowk at yaised tae bide here aw simmer, takkin tent o thir kye. The map gied the burn as the *Allt na Maddy*. Wolves maun hae drank here, aince.

Thur wis whaups, and a burd that dairtit up and doon the watter-side pipin *Too-wee! Too wee wee wee!* Mind we laucht – whit's too wee? The moontains? Mibbes the river, thon wad hae been a michty glacier lang syne. In the tent we dovert an oor or twa, syne unzippit the flap and crept ootside. The glen wis eldricht wi muinlicht, the faurawa snaw-patches glentit. Ye howlt lik a wolf! But we've done awa wi thaim sae naethin answert bar the echo. And thon burd threapin –
    *too wee wee wee*

Ah hinnae been back but thon freetfu craitur aye chides me nou and again. It flees in the door and oot the windae, giein its advice whan Ah'm sat here warplin wi wirds. Too wee! And aye, mibbes we did ware oot oor ambition ower suin – campin in the ruins, sae tae speik, and no ettlin fir the heichts . . . Is it ower late? Ah doot we'll suin gang the wey o the glaciers, the wolves, the shielin fowk and become pairt o the laun's lang dwam o mindin and forgettin.

But it's worth a shottie, eh no? Meet me the morn and we'll gang.

If to Those Warning Ones by Friedrich Hölderlin,
*translated from the German by Michael Hamburger*

If to those warning ones now I listened, they'd smile at me, thinking,
Sooner we got him because he always shunned us, the fool;
Yet they'd count it no gain.

Sing then, sing your old song foretelling my doom and repeat it,
Terrible Gods of Fate, ceaselessly drone in my ears.
Yours I shall be in the end, I know, but first I'll belong to
None but myself and secure life for myself and a name.

# Thae Warnin Anes

*efter Hölderlin*

See if Ah lissent tae thae Warnin Anes,
they'd lauch at me, seyin, aye
we hae him nou, the gowk!
Him that's aye shunnt us
— but they'd coont it nae gain.

Sae cairry on, ye grim gods o mā weird,
sing yer auld sang spaein ma doom,
ower and ower, aye girnin i ma lugs

— ye'll hae me claucht ane dey, nae doot,

but first Ah'll belang tae nane but masel,
and win life fur masel and a name.

I was walking alone among eastern mountains, the highest snow-peaks golden at the day's dawn while deep in a ravine a gush of silt and glacier melt fled its origins amongst the frightening crags. Then: cock's crow, smell of dung, a few clay buildings, and already swaying out over the torrent, the womenfolk of the village off to their day's labour in the fields. What fields, you might wonder, among such mountains? What lives, those women, crossing the chasm with baskets on their backs?

# The Brig

Ah wis walkin ma lane
amang eastern moontains
the heichmaist snaw-peaks
gowden at dey's dawn

while deep in a cleuch
a gush o silt and glacier-melt
fled frae its origins
'mang the hiechmaist craigs.

Syne: cock's craw,
dung-reek, a wheen
cley biggins, and awriddy
sweein oot ower the torrent

on a brig o twistit strae:
aw the clachan's
weemin-fowk, awa
tae thir darg in the fields.

Whit fields, ye micht wunner,
amang sic moontains?
Whit lifes, thae weemin
crossin yon chasm wi thir creels?

I was nothing then, just a wanderer. 'Incompetent', my mother used to say. Would I go back? Yes, perhaps, had a woman's fate not caught me too, as soon as I wandered home. But well I recall those eternal summits, as cold as death in the early light of day, and how I was content with the river's roar for company, travelling my way alone.

Ah wis naethin then,
jist a stravaiger; 'haunless',
ma mither yaised tae sey.
Wad Ah gang back?

Aye, mibbe,
had a wumman's weird
no catcht at me an aw,
syne Ah wannert hame.

But weel Ah mind o thae
ayebidin summits,
cauld as daith
at brek o dey,

and hou Ah wis fine
wi jist the river's roar
fur company, traivelin
ma lee-lane wey.

So the years go by and we must accept that the gates we might have taken are all locked now. People that always fancied the wandering life, the pilgrim's way, people who hankered to be like Master Bashō himself, with his wind-blown spirit and his walking feet well perhaps we are doing just that: taking the road even as we stay at home. If the journey is the home, then the home is the journey. Women, as our neighbour said earlier, holding it all together. Until, perhaps the day will dawn when we can reach for that satchel, the one we've always kept hanging on an old peg, and be away. *I will build myself a bower – / far within a nameless glen / I will lay me down*
Such were my thoughts, head down kind of thoughts, wandering along the shore with an hour to myself. The pattern is for fine high early mornings, giving to wind and cold rain before noon. Yesterday a navy ship was riding at anchor out on the Firth, with helicopters busy about it all day. Burning fuel, burning through their self-regard. Their radios must have been yelping and screeching and all to keep us secure, or so we're told. But then *Whimbrel! Twelve or thirteen / letting fall their stippling cry, / none look back*

# Whimbrel

Sae the years gang by and we maun accept the yetts we micht hae taen are aw steekit nou. Fowk that aye fancied the stravaigin life, the pilgrim's wey, fowk that hankert tae be lik Maister Bashō hissel, wi his wind-blawn speerit and his gangin fuit – weel, mibbes we are daein jist that, takkin the road e'en as we bide at hame. Gin the journey is the hame, the hame is the journey. Weemin – as oor neebour seyed the dey – haudin it aw thegither. Until, mibbes the dey will daw whan we'll can rax fir thon saitchel, the ane we've aye kept hingin on an auld peg, and be awa.

> *Ah will big masel a bower –*
> *'far ben in a nameless glen'*
> *Ah will ley me doon*

Sic wur ma thochts, heid-doon kinnae thochts, daunerin alang the shore wi an oor tae masel. The pattren is fir fine high early morns, giein ower tae wind and cauld rain in the late forenuin. Yestreen a navy ship wis ridin at anchor oot on the Firth, wi helicopters thrangin it aw dey. Burnin fuel, burnin throu thir conceit o thirsels. Thir radios maun hae been yelpin and squaichin, and aw tae keep us siccar, or sae we're telt. But syne . . .

> *Whimbrel! twalve or thirteen,*
> *lettin faw thir stipplin cry,*
> *nane luik back*

Head down no more I watched them change direction the minute they were in off the sea, swaying north-westwards over the Angus farms as though they knew where they were bound, none left to struggle alone. *Holding it together / the migrating flock / above the war-games*

Heid doon nae mair, Ah watcht thaim chynge airts the meenit they wur in aff the sea, sweein nor-wast awa ower the Angus ferms lik they kent whaur they wur boond, aw thegither, nane left tae trauchle alane.

*Haudin it thegither*
*the migratin flock*
*abuin the war-gemmes*

At the daybreak of the world there rose a song. It sang before ice and flood, before deserts and the sea, before these, the days of our lives that now offer very few places to hide. What kind of song? Well, perhaps the psalm of lichen, creeping over stone, or of once eternal snow. Or bygone creatures, deep painted in a cave. Or the sigh of every last breath, caught away by the wind. Or so you used to fancy, but you didn't dare mention it, not to them anyway. 'Song? There's no song, dear. All we have is the everyday talk, the noise and bustle. Now knuckle down and stop talking nonsense.' They're away now, those folk. The thing is, you can still hear them from time to time, both the rough ghosts with their 'go away and do something useful', and that lilting melody from the very edges of your sense *Blown in through a window / some fool forgot to close / a sprinkle of rain*

# Inheritance

At the deybrek o the warld thur rose a sang. It sang afore ice and fluid, afore deserts and the sea, afore these, the deys o oor lives, that nou offer gey few places tae hide.

Whitna sang? Aweel. Mibbes the psalm o crottle, creepin ower stane, or o aince ayebidin snaw. O bygane craiturs, deep-pentit in a cave, or the souch o ivery last breith, catchit awa by the wind.

Or sae ye yaised tae fancy but ye didnae daur mention it; no tae thaim oniewey. Sang? Thur's nae 'sang' aboot it, hen . . . Aw we hae's the clash o the iverydey, the dinsome thrang – *nou knuckle doon and stap yer haiverin* . . .

Thair awa nou, thae fowk. Thing is, ye can still hear thaim whiles, baith the roch ghaists wi thir *awa an dae somehin yaisefu*, and yon liltin melody frae the verra mairches o yer sense

> *Blawn in throu a windae*
> *some chump forgot tae shut:*
> *a skimmer o rain*

If the questioning cry of the moorland curlew met no reply but the wind's cold sigh, what kind of poetry would you write?

# Whaup

Gin the speirin cry
o thon muirlaun whaup
met nae repone
bar the wind's cauld souch

whitten kinnae poetry wad ye scrieve?

Who'll pay heed now when they flutter down, the little brown sparrows? They knew nothing of the hand that fed them, an old hand. Our father's armchair's empty, yes, and his whisky glass

# The Speugs

Wha'll tak tent nou
whan they fluchter doon,
thae wee broon speugs?

They kent naethin
o the haun that fed thaim,
an auld haun . . .

Oor faither's airmchair's tuim
aye, and his dram-gless

Though Every Day by Friedrich Hölderlin,
*translated from the German by Michael Hamburger*

Though every day I follow a different path,
Now deep into green leaves in the wood, and now
Toward the spring, the rock where roses
Bloom, from the hilltop look out, yet nowhere

I can find you, my love, in the light of day,
And into air dissolve all the words I learned,
Devout ones when with you I

Yes, you are far indeed from me, blessèd face,
And now the euphony of your life is lost
To me, your listener, and where are you,
Magical songs that would once make gentle

My heart with quiet known to the Heavenly?
How long ago, how long! That young man has aged,
And Earth, the very Earth that seemed to
Smile on me then, now is changed and shrunken.

# Tho Ilka Dey

*efter Hölderlin*

Tho ilka dey Ah gang a different road
— nou amang the greenwidd, nou tae the well,
syne tae the craigs whaur roses bloom,
and sae tae the hill-tap cairn

but naewhaur can Ah fin ye,
ma luve, i the licht o dey —
and scaittert tae the lift
are aw the genteel wurds Ah learnt

whan ye wur wi me. Aye,
ye are faur ayont ma sicht,
ma bonnie dear, and nou
the hairmonie o yer life dwynes

frae me, fir whaur nou
can Ah hear yer beglamourin sangs
that aince wad caulm ma hairt
wi hievenly peace?

Hou lang, lang syne — the loon Ah wis
is grown auld, and the verra Yird
that dotit sae kindly on me
is aw chyngit nou . . .

Farewell, then, always. Daily the soul takes leave
Of you, returns to you, and the eye will weep
For you each day, to look more keenly
Into the distance where you are staying.

Fareweel fir aye. Dey and daily
the sowel taks leave o ye,
comes hame tae ye, and ilka dey
ma twa een greet fir ye –

that they micht shine bricht
oot ower thon faur kintra
whaur nou ye bide.

Grey feather, cast from a peculiar bird, tumbling along the foreshore where self meets world. Your keeper's upped and left you. Where, you plead, flown where? Heavenwards you spin, nobody's there. You chase along the hillside, none of your kin. Nothing but the dark waves rising, rising, and the empty land and the wind.

# Grey Feather

Grey Feather,
cast frae an antrin burd

tummelt alang the foreshore
whaur self meets warld

yer keeper's up and left ye –
whaur? ye plead, flown whaur?

Hieven-wart ye birl – naebodie thur –
ye chase abuin the braeside – nane o yer kin –

nocht but the daurk waves risin, risin,
the tuim laun and the wind.

Water by Chimengül Awut
*translated from the Uyghur by Munawwar Abdulla*

I cannot hold ice like stream water
Nor can I flow like river water
I cannot fall down like cloud water
To press my breast against flowers or thorns

Thinking of the taste of ocean water
I taste the water that falls from my eyes
Boiled water in a glass slowly grows colder
My heart is water, I lie flat like a leaf

I envy the water you are soaking yourself in
I long to be just one gulp of water
Dewdrops, even frosts, fall to pieces
Could we not be like water joining water

# Watter

*by Chimengül Awut*

Ah cannae turn tae ice lik burn watter
Ah cannae flow lik river watter
Ah cannae ding doon lik clood watter
tae press ma briest agin flooers and thorns

Mindin the taste o ocean watter
Ah taste the watter that faws frae ma een
A gless o bylin watter growes cauld suin eneuch
Ma hairt is watter, Ah lie flat lik a leaf

Ah envy the watter ye dook yersel in
Ah wiss Ah wis jist ane waucht o watter
Dewdraps, e'en cranreuchs faw aw tae pieces
Hou can we no be lik watter jynin watter

Consider those five foxgloves, just inside the garden gate, one a long stooping wand with withered hands clasped at his breast, the others with heads bowed examining the earth. They've been waiting all summer long so now, they can't help it, change has overcome them. So be it, everyone changes, even as we say 'yes surely today we'll be called forward, surely today we'll be heard'. Swaying there, they bring to mind those thin, old-fashioned people (antimacassars, lowered blinds) my mother drove me to visit, just once, deep in childhood, who stood as we entered, shy and glad. Who were they?

# Digitalis

See thae five *digitalis purpurea*
jist inbye the gairden yett –
ane a lang stoupit wand
wi withert hauns
claspit at his briest,
ithers wi heids bou't
scancin at the yird

– they've been waitin
aw the simmer lang, sae nou
– they cannae help it –
chynge has owercam thaim;
sae be it, awbodie chynges,
e'en as we sey *aye, shairly the dey*
*we'll be called furrit,*
*shairly this dey we'll be heard*

and sweein thur, they bring tae mind
thae thin, auld-farrant fowk
(antimacassars, lowert blin's)
ma mither drove me tae veesit,
jist aince, deep in bairndom
that stuid as we gaed ben,
blate and gled . . .
                    Whae wur they?

Brought back by crumbling spires at the garden gate, that reach for us as they decline.

Brocht back by
crumlin spires at the gairden yett
that rax fir us as they dwine.

Autumn again, our northern autumn: reeds at the waterside, gathered in their multitudes, rustle and sigh, sough and hiss. And the geese are with us! Blowing gently down from the feather-caressed sky while a flood-tide quenches the firth. There. Am I over-doing it? Or perhaps not trying hard enough? I've missed you: no chit-chat, just a nod now toward some bright-striped sunset blazing in the west, now toward a snail's shell trampled in the ditch. You'll notice I'm not asking where you've been, in your scraps and rags, or why you're back

# Hairst

Hairst-time again, oor northren hairst –
    reeds at the watterside,
        foregaithert i thir multitudes
            reishle and sigh, sough and hiss.

And the geese are wi us!
        Wheefflt doon frae the feather-dautit lift
            while a flude-tide slockens the firth . . .

There. Um Ah ower-daein it?
    Or mibbes no ettlin eneuch?
        Ah've misst ye – nae chit-chat, jist a nod,

nou taewart some bricht-stripit sundoon
    blazin i the wast,
        nou at a snail-shell tramplt i the sheuch

– ye'll notis Ah'm no speirin whaur ye've been
    in yer clooties and rags
        – nor hou ye're back

The wind rushed over the garden wall, bolder than before. Rose, I've come to speak with you, trained against that wall. It's not you I'd quarrel with, but those with secateurs who come back over and over again, and take away your flowers. They reach and take all over the Earth, fish and forests and stone, and now there's come a reckoning but I can't do it alone. So why not quit your petals and scent and fly away with me, instead of making flowers for them, shy and obediently? I'll show you where the oceans rise, we'll drive the waves ashore. Then we'll west and fan the flames incinerating the moors,

# The Wind and the Rose

The wind breenged ower the gairden dyke
baulder than afore.
Rose, I'm cam tae speik wi ye,
trained agin thon wa —

it's no you, mind, I quarrel wi
but thaim wi secateurs
that come back ower and ower again
tae steal away yer flooers

they rax an tak ower a the Yird
fish and forests and stane
but nou there's come a reckonin
but I cannae dae it alane

so how no quit yer petals and scent
an flee awa wi me,
instead o makkin flooers for them
sae blate, sae obediently?

I'll show ye whaur the oceans rise
we'll ding the waves ashore,
syne we'll west and fan the flames
incineratin the muirs,

we'll knock down trees across their roads and scatter all they own. But Rose just shook her yellow heads. Wind, old friend, I'm loath. I know nothing beyond these walls, but what's told me by the birds. I miss them, and the gossipy bees, that used to bring me word. But I'm wary of you, truth to tell, and the mad look in your eye. You're not the wind I laughed with once, that played and fondled with me. I'll stay, and here within these walls let my perfumed flowers unfurl, for all the meek and humble folk, frightened for the future world.

we'll ca doon trees across their roads
we'll scaitter a their gear.
But Rose jist shak her yella heids.
Wind, auld freend, I'm sweir —

I ken nocht ayont these waws
but whit's telt me by the burds,
I miss theim, an the tovie bees
that yaised tae bring me word

but I'm waurie nou, truth tae tell
at the gyte-lik look in yer een,
Ye're no the wind I lauched wi syne,
that daff'd an dautit me.

I'll bide here, and within these waws
let ma perfumed flooers unfurl
for aa the wae an hummle fowk
afeart for the futur warld.

Now summer's gone, the swallows and martins have headed south, except for a few darting in the evening light out over the river. And the nights come creeping closer, like an unknown cat at the garden gate. The harvest moon rises, speaking of winter, and a few stars, then soon a deal more. And here we are closing our windows against you, wakeful night.

# August Nicht

Nou simmer's gane,
the swallaes and mairtins are sooth awa

bar twa-three jinkin in the evenin licht
oot ower the river

and the nichts come creepin inbye
lik an unbekent cat at the gairden yett.

The hairst muin heezes, speikin o winter
a wheen sterns, syne a hantle mair . . .

And here we're steekin oor
windaes agin ye

    waukrife nicht

Then something wakens you, makes you cross the room and open the window wider but there's nothing outside, just moonlight spilling over the slates, the lone bark of a distant dog. You're still half wrapped in the dream you left, but you remain though you can't say why considering the night's cold and you've got work in the morning. But you lean there, listening until – there it is again, the same call thrown from somewhere beyond the made world of the football pitch and B&Q, the world which daylight paints and every night wipes away. Then there's nothing but night-hush, a knock of wind. A lorry grinds through the town before – yes – he cries for a third time and now you know what you're listening for, lingering here at the window. It's the sharp reply snipped from the cloth of night, the she-owl's 'what?' to his 'who, who?' that will balance the world again and allow you to fall back into your dream.

# Hearkener

Syne something waukens ye, gars ye cross the chaumer and open the windae wider but thur's naethin ootbye, jist muinlicht skailin ower slates, a faurawa dug's ae bark. Ye're still hauf-happit in the dream ye left, but ye bide though ye cannae sey hou, seein nicht's cauld, and ye've got yer wark the morn, but ye lean thur lissenin,

till – yonner it's again, the same call cast frae somewhaur ayont the makkit warld o the fitbaw pitch and B&Q, the warld that deylicht pents and ilka nicht dichts awa. Then thur's nocht but nicht hush, a dunt o wind. A lorry grinds throu the toun afore – aye – he cries fir a thurd time,

and nou, ye ken whit ye're hearkenin on, hingin at the windae here. It's the sherp repone sneckit frae the claith o nicht, the she-hoolet's 'whit?' tae his 'who, who?' that'll balance the warld again and lat ye faw back intae yer dream.

From a breast too small to hold it wren song glitters and you stop, oh when did your own heart, deeply protected in a bramble bush, last know such ardour? Again the wren song spills. You peer into that jagged maze. Yes, years.

# Wren Sang

Frae a breist
        ower smaw tae haud it
                wren-sang glisters
and ye stap – ach,
        whan did yer ain hairt

deep-haint in its bramble-buss
        lest ken sic ardour?

Again the wren-sang skails.
        Ye peer intae thon jaggy maze
            – aye, years.

Opening again your book *Snow Water*, I discover a keepsake
carried home over the long sea-miles from St Kilda, where,
telescope directed toward a ruined cleit, we watched for a week,
like a white-clad priestess tending a shrine, a snowy owl. Then she
was gone. We trudged over there, heads down against the wind, to
find nothing left behind except a few feathers. Did she succeed in
getting home, heading north over the sea on her quiet wings?

# The Feather

*fir Michael Longley*

Openin aince mair
yer buik *Snow Water*
Ah discover a keepsake
cairriet hame ower
the lang sea-miles
frae St Kilda, whaur,
telescope directit
at a rickle o a cleit,
we watcht fir a week
– lik a white-happit priestess
tendin a shrine –
a snawy hoolet.

Syne she wis gane.
We trauchlt there,
heids doon agin the wind,
tae fin nocht left ahint
but a wheen o feathers.

Did she ivver win hame,
northerin abuin the faem
on her quate wings?

\*

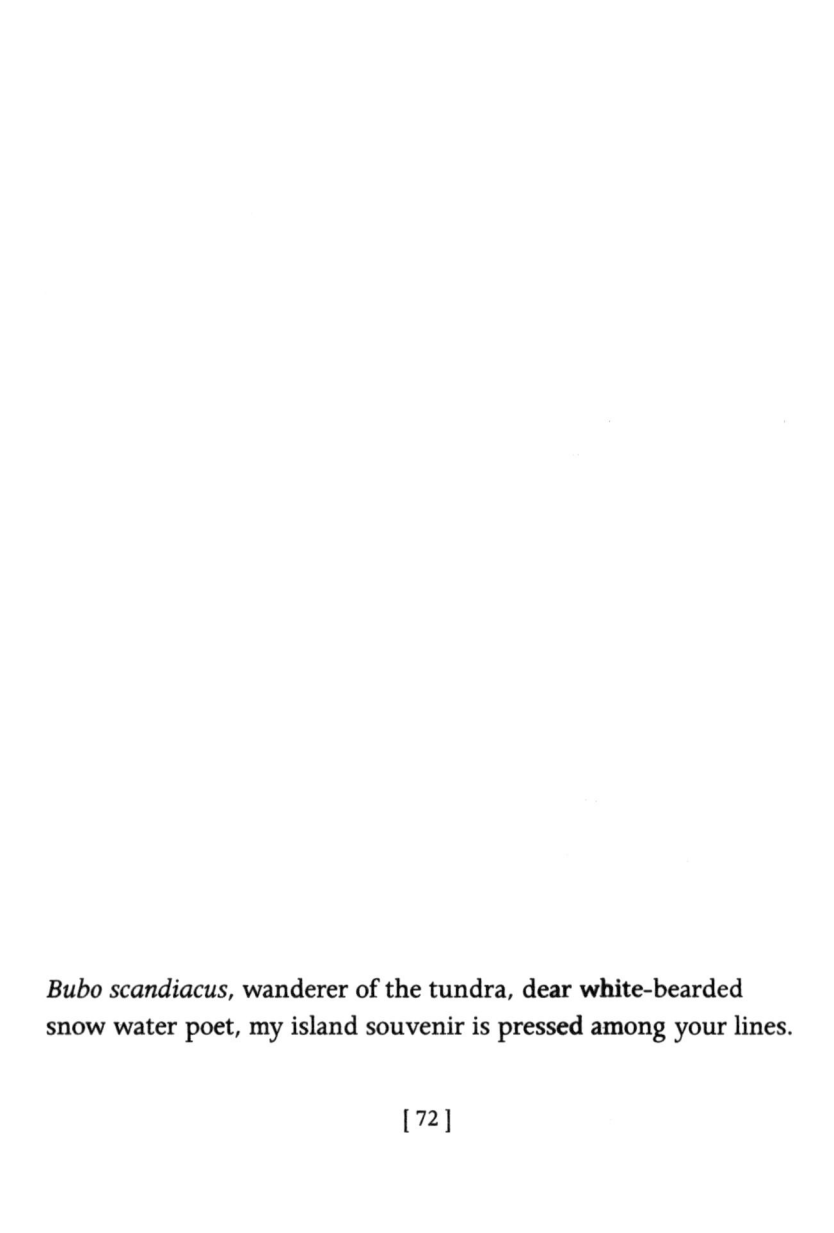

*Bubo scandiacus,* wanderer of the tundra, dear **white**-bearded
snow water poet, my island souvenir is **pressed** among your lines.

*Bubo scandiacus*
tundra stravaiger
– dear white-beardit
snaw watter makar,
ma island mindin's
presst amang yer lines.

It came again last night, the same stone built tower, standing on
a knoll against the sky. If not a hill, then it's deep in a wood. If
not a wood, a blighted moor. Often it's dark, so the dream dictates,
or else it's a cheerful noon, then the tower is there, in front of
you. Once, you thought it meant security and maybe it did long
ago, like the broch of your ancestors. And once, you thought you
heard the sound of waves within the walls, as though the whole
sea was contained within. At other times, there's whispering. You
stand before its gate, but the dream says *Waken! Something has
befallen the Earth.*

# The Dream

It cam again, last nicht,
thon same stane-biggit tooer —
staunin on a knowe agin the lift

— if no a hill, it's deep in a widd.
If no a widd, a blichtit muir.
Aften it's daurk, sae the dream dites:

else it's a blythe nuin,
syne the tooer's there, afore ye.
Aince, ye thocht it meant siccar,

and mibbes it did, lang syne,
lik yer forefowk's broch —
and aince, wi'in the waws,

ye heard the soondin o the waves,
as though the hale sea lay inbye.
Ither times, thur's whisperin.

Ye staun afore its yett
but the dream seys *wauken!*

*Somethin has befawn the Yird . . .*

\*

If it keeps returning, the dream must have need of you. It must need you to make itself heard.

Gin it keeps on comin back
the dream maun hae need o ye.
It maun need ye tae mak itsel heard.

Ah, they're back, the worries and concerns, rowing their coracles, their galleys, the salmon-fellows' row-boats, the oars pulling this way and that as they spin below the wakeful moon, upstream and down, downstream and up again, singing those tiresome shanties you know too well, their boats' names painted by your own fair hand.

# Carks and Cares

Aye, thur back – the carks and cares,
rowin thir currachs, thir birlinns, thir saumon-carles' cobles,
the oars aw pou'in this wey and thon

sae they birl ablow the waukrif muin
upstream an doon,
doonstream and up again

singin thae wearisome shanties
ye ken ower weel,
thir boats' nemmes pentit by yer ain fair haun.

With their branches the high pines urge the wind through like
an ambulance toward the awful, the terrible scene, and they sigh.
To each other they mutter, *yes the axe will come, and knock you
down, if not the axe the storm, if not the storm the fire.* Among
their living, straight and twisted their grey dead stand. *Come,
woodpeckers,* they whisper, *come peck and poke.*

# Pine Widd

Wi thir brainches
    the hie pines
        caw the wind throu

lik a ambulance
    taewart the awfie,
        the terrible scene

and they souch . . .

Tae yin anither they mutter *Aye*
    *the aix will come*
        *ae dey, aye, and caw ye doon*

*if no the aix the storm . . .*
    *If no the storm the fire . . .*

Amang thir leevin,
    straicht and thrawn
        thir grey deid staun,

*come widdpeckers*, they whisper,
    *come peck and pock*

This is the season the elder trees hang with berries, bitter and
black, and nights, autumn nights, chilly, indifferent, darken again.
Orion climbs above the low hill – hunting or defending? In truth
they never forsook us, the crowd of stars, it was our own northern
world, wooed by summer and its extravagant flowers, that tilted
her face away, and now returns.

# Prodigal

This is the saison the bour-trees
        hing wi berries,
                wersh and black,

and nichts – hairst nichts –
        cauldrif, indifferent,
            daurken again.

Orion sklims abuin the laigh hill
            – huntin or wairdin?

In trowth they nivver forhoo'd us,
        the thrang o sterns –
            it wis oor ain nor'warld

woo'd by simmer w'its wanthrift flooers
        that tiltit her face awa,

        and nou retours.

Between the haulm-field and the field of new-sown winter wheat,
a cold edge to the wind, no frost just the last leaves clinging to
the hospice of the rowan tree, black-spotted, spinning on a twig,
longing to be let loose, longing to be allowed to go into the least of
deaths, longing and enduring some more.

# Rodden Leaf

Atween the shaw-field and the field
        o new-sown winter wheat
                a snell edge tae the wind
nae cranreuch
        jist the hindmaist leaves, clingin
                tae the hospice o the rodden tree

black-poxt, birlin on a twig
                longin tae be lowsed

longin tae be lat gane
        intae the least o daiths,
                waitin, and tholin some mair

At the far side of the stubble field, a lone oak gleams in the
deep midwinter sun as though heart-glad to host the sixty or so
yellowhammers blown in from who knows where that crowd its
withered branches then in handfuls dare back and forth to the
ground gleaning what grain they can before the tractor drags the
plough in to turn the earth again, leaving the wild flock nothing
but one another and flight across the famished fields, out of sight,
out of sight, out of sight.

# The Field

At the faur side o the stibble-field
a lane-staunin aik
leams i the howe o winter sun
as though hairt-gled tae host

the saxty-odd yellae-yorlins
blawn in frae whae-kens-whaur
that thrang its wizzent brainches
syne, in haunfu's, daur

back and forth tae the grun
gleanin whit grain they can,
afore the tractor draigs the ploo in
tae turn the yird again,

lea'in the wild flaucht naethin
but ane anither, and flicht
faur ower forder famisht fields,
oot o sicht, oot o sicht, oot o sicht.

Dog star, guarding the gate between one year and the next, well might you glitter emerald and red as you leap our southern sky. With only this single speck of an Earth, this one mote of dust that alone can pay heed to you, why wouldn't you blaze at us? Every dog must have its day and there's nowhere else that can call you by that or any other name. Not that you hear us, spinning through our own swiftly passing days. We live and die and from time to time on clear midwinter nights

# Sirius

Dug-stern,
gairdin the yett
atween ane year and the neist –

weel micht ye blinter
emerant and reid
as ye lowp oor southron lift.

Wi anely this ae
flicht o a Yird, this
ae speck o stour

that alane can tak tent o ye,
hou wad ye no
bleeze at us?

Ilka dug maun
hae its dey, and thur's naewhaur
ither can cry ye

by thon or onie name.
No that ye hear us, birlin
throu oor ain

swith-passin deys.
We live and dee – and whiles,
on clear howe o winter nichts

we see you appear, glowing above the Black Craig, star of the bright stern stare.

we see ye kythe,
leamin abuin the Black Craig,
stern o the bricht stern stare.

Like a ghost's bone, a lone cloud drifts eastward, seaward, while a long ribbon of seagulls struggles inland against the wind. So they go their own way, one in one direction, one the other, travelling beyond the framing of our highest window into changes they can't foretell. Yes, our window, where there's nothing now but the cold white sky. In the room you made, our bodies breathing.

# Oor Windae

Lik a ghaist's bane
              a lane clood
drifts eastwart, seawart,

while a lang thrang o seamaws
              strauchles inlaun agin the wind –

sae they gang thir ain gait,
        ane airtit ane wey,
              ane t'ither,
traivelin ayont the hainin
        o oor hiechmaist windae
              intae chynges they cannae spae.

Aye, oor windae,
        whaur nou thur's nocht
            but the cauld white lift.

In the chaumer ye makkit,
        oor bodies breathin.

How long is it now? Blown in from unfamiliar seas, how many weeks? We forget to count. And fewer in our memories grow days remembered from before, except for small chance upturns like those green flowers where famished deer rake down through the snow. But the birds! Who knew there were still so many, who imagined they all might live! Birds from old books, snowdrifts from strange books. The last apple has been thrown to the fieldfares, how long now? How long since the tree itself fell into dormancy?

# The Storm

Hou lang's it nou?
    Blawn in frae fremmit seas
        hou monie weeks?

We forget tae coont. And fewer in oor memories
    growe deys mindit frae afore
        bar smaw chance upturns

lik thae green flooers
    whaur famisht deer
        rake doon throu the snaw . . .

But the burds! Wha kent thur wis still sae monie,
    whae'd hae thocht they aw micht live!
        Burds frae auld buiks
            snawdrifts frae unco buiks.

The lest aipple's been cast tae the rodden-burds,
    hou lang nou?
        Hou lang sin the tree itsel
            fell intae dormancie?

Snow, the snow you've very nearly banished; smothered fields
motorways where you busy yourselves careering here and there,
all, for one morning, annulled. And a birch tree, aglow in a slant
of sunlight. Tree, can you speak? Can you, before the snow thaws,
foretell our future? Already the drops fall: *No, no, no.*

# The Birk in Winter

Snaw, the snaw
                ye've gey near banished –
smoorit fields, motorways

whaur ye busy yersels
                breengin hither and yon
aw, fir ane forenuin, annullt . . .

and a birk-tree,
                leamin in a sklent o sun

Tree, can ye speik? Can ye
                – afore the snaw thows –
spae oor futur?

Awriddy the draps faw:
                *Na*
                          *na*
      *na*

There she goes, darting up Snow Mountain in her white coat like a doctor's, curing what exactly? Snow puffs at her heels as she leaves us breathless. Does she seek the changes that come over her? No more than the rest of us seek our changes (as girls we were told 'don't stand out don't attract attention'). Tundra-moss nibbler, melt-water tippler, she of the fur newly minted every season, can she heal the summer-long snow wreaths shrivelling now, on our watch? Can she mend them?

# White Hare

Thaur she gaes –
        whidderin up Beinn Sneachd
in her white coat lik a doctor's
        curin whit exacly?
Snaw-waffs at her heels
        as she lea's us pechin . . .

Dis she seek the chynges
        that cam ower her?
Nae mair nor the lave o us
        seek oor chynges

(as lasses we wur telt dinnae
        staun wi smeddum dinnae
            attract the ee).

Tundra-moss mouper,
        melt-watter tippler,
she o the fur new-mintit
        ivery season,
can she heal the summer-lang snaw-wreaths
        crynin nou, on oor watch
– can she mend thaim?

The Ice Age glaciers are all shrivelled away, she's been here since then, but what, what now? She of the tender ears, the twitching mouth, where has she gone? Away over the scree slope she'll be nestled in her hare's trance. Or look – above us at the summit cairn: the snow-hare's cleaning her face.

The Ice Age glaciers
                are aw meltit awa,
she's been here sin syne
                but whit, whit nou?
She o the nesh lugs,
                the twitchin mou,

whaur's she gane?

Awa ower the scree-slope
                she'll be coorit
                              in her hare's dwam.

Or see –
                abuin us at the summit cairn:
                              the snaw-hare's dichtin her face.

Those apples we threw – all hollowed out – coracles sailing on snow.

## Merles in Winter

Thae aipples we threw
aw howkit hollae
– currachs sailin on snaw.

When I'd sat there long enough, struggled to my feet, wiped away
the dust and blown leaves, the smears and mouse-shit I was half
smothered in; when I'd shuffled around to try to warm my bones,
hopping from foot to foot, trying all the time to understand what
place this was where I'd found myself, looking all around until it
came to me: surely that there, running right beside the plot where
I'd lain, was the Boundary Stream! And over it, reaching dark
and far, was that other country, one I had no memory of now, no
memory at all of venturing there,

# The March Burn

Whan Ah'd sat thur lang eneuch,
trauchlt tae ma feet,

dichtit awa the stour and blawn leaves,
the draibbles and moose-keech

Ah wis hauf-smoorit in;
efter Ah'd shauchlt roon

tae try and wairm ma banes,
jiggin frae fit tae fit,

and aw the while ettlin tae unnerstaun
whit this place wis whaur Ah fun masel,

luikin aw aboot, it cam tae me:
shairly thon thur

rinnin richt by the lair whaur Ah'd lain
wis the March Burn!

And ower it, raxin daurk and faur
thon ither kintra, ane

Ah'd nae mind o nou,
nae mind at aw o venturin thur,

but how else would I have got so dirty with all these leaves and mud? By now I was very thirsty indeed, but I was reluctant for hadn't you told me never to drink such water, so black and earthy, as seeped into the Boundary Stream, not so much as the merest mouthful or tipple, for no one now could split its blended babble, no one could tell which sip seeped from which country. But *oh*, I thought, the thirst rough in my throat, *who cares nowadays*, so I bent down and with my two hands, helped myself to a draft of it, washed my face with it,

but hou else wad Ah hae got sae claggit
wi aw this leafs and glaur?

By nou thur wis a drouth on me
— a rare drouth,

but Ah wis sweirt, fir hadnae ye telt me
nivver tae drink sic watter,

sae black and yirdie,
as seepit intae the March Burn,

no tae tak as muckle as the merest
slock or bebble,

fir nane could nou untwine
its blent babble,

nane could tell whit sup
sypit frae whit kintra.

But *Acht*, Ah thocht, the drooth
roch in ma thrapple,

*whae in the hang cares, nouadays*,
sae Ah bent doon and wi ma twa hauns

helpit masel tae a waucht o't,
washt ma face wi't,

rinsed my eyes with it, and stood again, suddenly understanding exactly what had befallen me, and which way my road lay now.

rinsit ma een wi't,
and stuid again, aw at wance

kennin fine weel whit it wis
had befawn me, aye,

and whit wey ma road lay nou.

Wakeful, alone, you're hunkered on the doorstep listening as a dawn-haze of loss and bliss ascends from the neighbourhood's ordinariness, its stunted council sycamore, that blossoming bush you'd never noticed before. At least, you want to call it 'loss' and 'bliss', that up-drifting break-of-day veil. As for those crocuses crowded in a cracked pot just by your ankle, what's that purple?

# The Ordinar

Waukrife, alane,
ye're hunkert on the doorstane

lissenin while a daw-haze
o loss and bliss

speels frae the neebourhood's
ordinarness: its scroggit

cooncil sycamore, thon
floorishin buss

ye'd nivver afore
taen tent o. Leastweys,

ye want tae cry it
'loss' and 'bliss'

thon up-driftin
brek-o-dey veil . . .

As fir thae crocuses
thrangit in a crackit pot

jist by yer anklet
– whit's thon purpie?

'World-love'. *World-love?* Why not? Nobody is around to laugh. You could perhaps even shout it out loud: *Bliss! Loss! World-love!* There, whatever rises will drift back down. What this day brings you'll face.

'Warld-luve'.
*Warld-luve?*

Hou no? Naebodie's
nearaboots tae lauch.

Ye could e'en mibbes
cry it alood:

*Bliss! Loss! Warld-luve!*
There. Whitivver rises

will drift back doon.
Whit this dey brings ye'll face.

## AFTERWORD

For a long time, I've wanted to write a suite of poems entirely in Scots. Like many lowland Scots of my generation, I grew up with a fair grasp of the language, but because Scots is untaught and largely unacknowledged, mine was underdeveloped. It had been enough to sprinkle a few Scots words in an English sentence, make a few translations. They added a tang of otherness, a different emotional ambience.

I won't rehearse here what Scots is, save to say it exists and is a language. Being first cousin to globalised English means that it is now fractured and overwhelmed. It has largely been abandoned by the professional classes, except in the theatre. My generation were corrected if we spoke Scots in the classroom; it was considered base and uneducated. So it became the language of cheek and back-chat. At home too, were parents who feared we would not 'get on' if we didn't speak proper English. It wasn't considered a language, but bad English: dialect at best, slang at worst.

Trouble is, it's also beautiful. Not just its words. They're often snipped out of context and put on mugs and tea-towels. 'What's your favourite Scots word?' But there is a grammar and a syntax too, half known, half heard, utterly persistent. It has its own registers, its own slang and demotics. It can be very sharp.

I knew Scots as an infant, but I remember the first time I puzzled over it; the first time I realised I was hearing something definitely not English. I would have been about eight or nine. We were visiting our (great) Aunt Janet, 'Jinnet' and her brother, Uncle Matt 'Matta' in Ayr, in the old-fashioned kitchen of the hotel and bar they ran, a warren of a place. We arrived and Aunt Janet looked about for her brother. She said, 'Oh, I doot Matta's no here, I doot he's doon in the bar.' I knew 'doot' in the Scots way because my parents used it, but that was the moment I realised there was something odd about it. How could 'doot' and 'doubt' mean exact opposites? How could 'I doot we'll get rain' mean that rain was likely, while 'I doubt we'll get rain' meant the day looked fair?

The arguments and politicking are tiresome but I will say this: whatever that douce elder my great-aunt Janet was speaking, it was not 'slang'.

This is my effort at a literary, lyrical Scots. The language is woven from what I learned in childhood, and what I hear around me now, and from reading everything from *The Broons* to the poets and playwrights of the past and the present. It may be gone from our daily media, but Scots has persisted as a literary language; we need only mention Burns and MacDiarmid and Liz Lochhead. If I mix dialects of Scots, I don't care. 'Purity' is a deeply suspect state. If there are occasional words brought out of abeyance, then that's what poetry can do. Of course I used dictionaries! Poets use dictionaries as plumbers use spanners. The online *Dictionary of the Scots Language* is a huge and invaluable national resource. Sometimes I phoned a friend. Sometimes I overheard something on a bus. I was after a deft, understandable Scots, but also one that had . . . and now I'm stuck. Had what? I nearly said 'magic'.

Encountering Scots in an English-language world is like seeing wildflowers flourish in cracks in the pavement. I listen out for it, on the street, in shops and bars. Hearing a Scots phrase pleases me as does glimpsing a kestrel (a keelie hawk) or a hare. It's a language well suited to the natural and also to the uncanny, perhaps because its own existence is uncertain, being both here and not here, a something heard and then denied.

I tried to work with its long-familiar sounds and tones, and make a material of it, see where it led me. It was a virtuous cycle. By making poems, the language develops. With a more developed, malleable language, one can make poems. Its range is narrower than English – I don't know if I could write this essay in Scots. (That is a failing of my own, not a failing of the language.) But mind, I hinnae tried. Mibbe I should ettle at it. I wanted to work with the language, but not its traditional poetic forms so there are no rhyming couplets, or standard Habbies here. But there are a couple of pieces in ballad form, because I love the old Scottish ballads.

Perhaps because Scots doesn't feature in TV news or adverts or government edicts, there is an emotional intimacy about it. It has a flying-under-the-radar feel to it. My friend the poet Don Paterson says Scots has 'a different acoustic tug to the soul'. Crucially, it has its own tone. Translated into English, I find these works too arch, too up on their high horse, and that's mostly because of the vowel sounds.

This is a poet's project. I don't mean to 'conserve' the language. Neither is it a political act, except that maintaining alternatives to any global and cultural hegemonies is surely a good thing. How often we're told 'there is no alternative' to capitalism, patriarchy, centralised language, heterosexuality, whatever. We are all so easily and relentlessly dominated – except we all have something, somewhere, that resists. And that may be a language.

At this point, I should say that this book includes four translations. Two are of poems by Friedrich Hölderlin (1770–1843). My Scots versions are enabled by Michael Hamburger's English translations (*Friedrich Hölderlin: Poems & Fragments*, Anvil Press, 1994). The other two are of poems by Uyghur writer and publisher Chimengül Awut, which I encountered in that excellent journal *Modern Poetry in Translation*. The English translations I worked from are by Munawwar Abdulla.

In 2018, in Kashgar, Chimengül Awut was arrested, along with others from the publishing house where she worked. According to MPT, she was sent by Chinese security officials to a 're-education camp'. She is still missing.

Maybe I'll write more in Scots, and add to the biodiversity of languages. Maybe I'll revert to a Scots-speckled English ('if I'm spared', as our Scottish great-aunts were wont to say). But for this adventure I am deeply indebted to some fine modern poets in Scots: Brian Holton and Don Paterson both read and encouraged me. As did Ally Heather. Their suggestions were invaluable. I'm especially grateful to linguist Ashley Douglas for her careful reading and for directing me toward a much more consistent grammar and orthography.

My thanks also to Colette Bryce, poetry editor at Picador. I thought I might make a pamphlet, but she saw no reason why a major London house shouldn't publish a whole book of poems in Scots, if I could make enough. Sae I scrievit some mair.